Jonas Fehling Marilena Friese

Oskar sucht die Liebe

mvgverlag

Bibliografische Information der Deutschen Nationalbibliothek
Die Deutsche Nationalbibliothek verzeichnet diese Publikation in der Deutschen Nationalbibliografie. Detaillierte bibliografische Daten sind im Internet über http://dnb.d-nb.de abrufbar.

Für Fragen und Anregungen
info@mvg-verlag.de

Wichtiger Hinweis
Ausschließlich zum Zweck der besseren Lesbarkeit wurde auf eine genderspezifische Schreibweise sowie eine Mehrfachbezeichnung verzichtet. Alle personenbezogenen Bezeichnungen sind somit geschlechtsneutral zu verstehen.

Originalausgabe
1. Auflage 2021

Türkenstraße 89
80799 München
Tel.: 089 651285-0
Fax: 089 652096

Umschlaggestaltung: Karina Braun
Umschlagabbildung: Marilena Friese
Layout: Marilena Friese
Satz: Marilena Friese
Druck: Livonia Print, Riga
Printed in Latvia

ISBN Print 978-3-7474-0376-1
ISBN E-Book (PDF) 978-3-96121-762-5
ISBN E-Book (EPUB, Mobi) 978-3-96121-763-2

Weitere Informationen zum Verlag finden Sie unter
www.mvg-verlag.de
Beachten Sie auch unsere weiteren Verlage unter www.m-vg.de

Aber heute hatten sie ein komisches Thema in der Schule besprochen. Sie hatten gerade das Märchen über die Mäuseprinzessin auf dem Käse gelesen, als Lotta sich auf einmal meldete und fragte:

»Frau Ringelschwanz? Was ist eigentlich Liebe?«

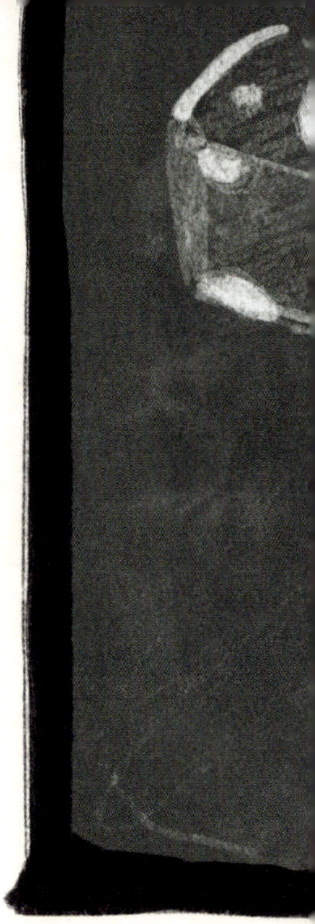

Frau Ringelschwanz hatte sie angeguckt und gesagt: »Das lernt ihr nicht im Klassenzimmer. Die Liebe müsst ihr draußen suchen.« Und mit dieser verwirrenden Antwort hatte sie die Stunde beendet.

Oskars Ehrgeiz war gepackt. Er wollte die Liebe als Erster finden. Wild entschlossen, die Liebe noch heute zu finden, sauste er gleich nach der letzten Stunde los. Er guckte unter den großen Stein vor der Schule, aber fand nur die Familie Käfer.

Oskar steckte seine Nase in den Busch am Wegesrand, aber fand nur die Nüsse, die Edid, das Eichhörnchen, für den Winter dort vergraben hatte.

Ein großes Herz – das schenk ich dir,
weil nichts uns je entzweit.
Und wenn du magst, gib darauf Acht,
für jetzt und alle Zeit.

Liebe Lina, lieber Mateo,
ich hoffe Ihr habt viel Spaß beim
Lesen dieses Buches.
Ich wünsche Euch viel Freude beim Lesen
und Suchen.

Alles Liebe
Jonas

In einer kleinen Höhle am Rande des Maisfeldes lebte eine kleine Maus namens Oskar. Oskar ging gerne zur Schule. Jeden Morgen freute er sich darauf, mit den anderen Mäusen zu rechnen, zu lesen und unter den Wurzeln nach geheimen Gängen zu suchen.

Er wagte sich sogar in die Nähe von James, dem gefährlichen Kater, aber hier fand er die Liebe erst recht nicht.

Nach einer Weile fiel Oskar auf, dass er gar nicht wusste,
wie die Liebe aussah.

Er lief zu seinem Großvater, der gerade im Garten vor der Höhle arbeitete, die er mit Großmutter bewohnte. »Ah, Oskar«, sagte der Großvater, »schön, dich zu sehen. Komm doch rein.«

In der Höhle war auch Oskars Großmutter und strickte Socken für den Winter. »Opa«, begann Oskar vorsichtig, noch ganz außer Atem, »ich suche die Liebe. Weißt du, wie sie aussieht?«

Der Großvater trat lächelnd an die Großmutter heran, sah ihr in die Augen und antwortete Oskar: »Die Liebe sieht so aus wie deine Oma.« Und die Großmutter lächelte zurück.

Das verwirrte Oskar zwar, aber zumindest hatte er jetzt eine Idee, wonach er suchen musste. Er dachte an Frau Schönhaar, die Nachbarsmaus, die seiner Oma sehr ähnlich sah. »Sie muss die Liebe sein!«, rief er, und mit diesen Worten verließ er seine überraschten Großeltern.

Durch das Maisfeld flitzte Oskar zu seiner Nachbarin Frau Schönhaar. Er fand sie im Liegestuhl vor ihrer Höhle, während sie in einem Fotobuch blätterte, das ihre Kinder ihr geschenkt hatten. »Hallo Frau Schönhaar. Ich suche die Liebe. Sind Sie die Liebe?«, fragte Oskar. Frau Schönhaar blickte ihn überrascht an. »Aber nein, Oskar«, antwortete sie.

»Die Liebe ist keine Maus. Die Liebe ist ein Gefühl.«

Das half Oskar kaum weiter. Er wusste zwar jetzt, dass er weder einen Gegenstand noch eine Maus suchte, aber wie um alles in der Welt sollte er denn ein Gefühl finden? Auf einmal fühlte sich Oskar sehr, sehr klein.

Traurig kroch er nach Hause. In der Küche wartete bereits sein Vater und bereitete das Abendessen vor. »Ich habe versucht, die Liebe zu finden, und konnte sie nirgendwo entdecken«, sagte Oskar mit leiser Stimme.

Sein Vater lächelte ihn an. »Nur keine Sorge«, beruhigte er ihn. »Die findest du schon noch.« Und er gab Oskar einen Kuss auf die Stirn. Als Oskar die Umarmung und die Zuneigung seines Vaters fühlte, spürte er ein warmes Gefühl in seinem Bauch aufsteigen und er wusste, dass er die Liebe gefunden hatte.

Er dachte daran, wie er den ganzen Tag durch das Maisfeld gerannt war, unter Steine und Büsche geblickt hatte und dem gefährlichen Kater James begegnet war. Daran wie er seine Großeltern und Frau Schönhaar besucht hatte und wie er schließlich nach Hause gekommen war und die Liebe dort bereits auf ihn gewartet hatte. Mit diesem Gedanken kuschelte er sich ganz eng an seinen Vater und erwiderte die Umarmung, um die Liebe sicher festzuhalten.

Über die Autoren

Jonas und Marilena wurden beide 1995 in Dortmund geboren und lernten sich zu Schulzeiten kennen. Schon damals setzten sie gemeinsam Projekte um, probierten vieles aus und hatten vor allem immer Spaß dabei.

Jonas studierte Innovationsmanagement in Münster und lebt heute in Berlin. Als er sich mit der Frage »Was ist eigentlich Liebe?« beschäftigte, verarbeitete er seine Gedanken in der Geschichte *Oskar sucht die Liebe*.

Marilena studierte Kommunikationsdesign und arbeitet als selbstständige Grafikdesignerin in Dortmund. Als Marilena bei einem Wiedersehen im Sommer 2020 von der Geschichte hörte, sagte sie sofort zu, den kleinen Oskar auf seiner Reise zu illustrieren.

Ihr gemeinsames Buch entstand und ebenso der Wunsch, dass Eltern und Kinder, Partner oder Freunde sich beim Lesen der Geschichte in den Arm nehmen und ihre Liebe zueinander spüren. Denn Liebe ist es doch, worauf es ankommt!

Wenn euch die Geschichte gefällt, schaut gerne auf www.oskarsucht.de vorbei.